AULA

ROLAND BARTHES

AULA

AULA INAUGURAL DA CADEIRA DE SEMIOLOGIA LITERÁRIA DO COLÉGIO DE FRANÇA

pronunciada dia 7 de janeiro de 1977

Tradução e posfácio de
LEYLA PERRONE-MOISÉS

Editora
Cultrix
SÃO PAULO

Título original: *Leçon*.

Copyright © Éditions du Seuil, 1978.

Copyright da edição brasileira © 1980 Editora Pensamento-Cultrix Ltda.

1ª edição 1980.

20ª reimpressão 2021.

Todos os direitos reservados. Nenhuma parte desta obra pode ser reproduzida ou usada de qualquer forma ou por qualquer meio, eletrônico ou mecânico, inclusive fotocópias, gravações ou sistema de armazenamento em banco de dados, sem permissão por escrito, exceto nos casos de trechos curtos citados em resenhas críticas ou artigos de revistas.

A Editora Cultrix não se responsabiliza por eventuais mudanças ocorridas nos endereços convencionais ou eletrônicos citados neste livro.

Coordenação editorial: Poliana Magalhães Oliveira
Revisão: Sérgio Nascimento

Dados Internacionais de Catalogação na Publicação (CIP)
(Câmara Brasileira do Livro, SP, Brasil)

Barthes, Roland, 1915-1980.
 Aula: aula inaugural da cadeira de semiologia literária do Colégio de França, pronunciada dia 7 de janeiro de 1977 / Roland Barthes; tradução e posfácio de Leyla Perrone-Moisés. — São Paulo: Cultrix, 2013.

 Título original: Leçon : leçon inaugurale de la Chaire de sémiologie littéraire du Collège de France, prononcée le 7 janvier 1977
 16ª reimpr. da 1. ed. de 1980
 ISBN 978-85-316-0029-6

 1. Literatura 2. Semiótica I. Perrone-Moisés, Leyla . II. Título.

13-02199   CDD-808.0014

Índices para catálogo sistemático:
1. Semiologia literária 808.0014

Direitos de tradução para o Brasil
adquiridos com exclusividade pela
EDITORA PENSAMENTO-CULTRIX LTDA.
Rua Dr. Mário Vicente, 368 — 04270-000 — São Paulo, SP
Fone: (11) 2066-9000
E-mail: atendimento@editoracultrix.com.br
http://www.editoracultrix.com.br
que se reserva a propriedade literária desta tradução.
Foi feito o depósito legal.

AULA

Eu deveria começar por interrogar-me acerca das razões que inclinaram o Colégio de França a receber um sujeito incerto, no qual cada atributo é, de certo modo, imediatamente combatido por seu contrário. Pois, se minha carreira foi universitária, não tenho entretanto os títulos que dão geralmente acesso a tal carreira. E se é verdade que, por longo tempo, quis inscrever meu trabalho no campo da ciência, literária, lexicológica ou sociológica, devo reconhecer que produzi tão somente ensaios, gênero incerto em que a escritura rivaliza com a análise. E se é ainda verdade que, desde muito cedo, liguei minha pesquisa ao nascimento e ao desenvolvimento da semiótica, é também verdade que tenho pouco direito de a representar, tendo sido tão propenso a deslocar sua definição, mal esta me parecia constituída, e a apoiar-me nas forças excêntricas da modernidade, mais próximo da revista *Tel Quel* do que das numerosas revistas que, através do mundo, atestam o vigor da pesquisa semiológica.

É pois, manifestamente, um sujeito impuro que se acolhe numa casa onde reinam a ciência, o saber, o rigor e a invenção disciplinada. Assim sendo, quer por prudência, quer por aquela disposição que me leva frequentemente a sair de um embaraço intelectual por uma interrogação dirigida a meu prazer, desviar-me-ei das razões que levaram o Colégio de França a acolher-me — pois elas são incertas a meus olhos — e direi aquelas que, para mim, fazem de minha entrada neste lugar uma alegria mais do que uma honra; pois a honra pode ser imerecida, a alegria nunca o é. A alegria é a de reencontrar aqui a lembrança ou a presença de autores que amo e que ensinaram ou ensinam no Colégio de França: primeiramente, é claro, Michelet, a quem devo a descoberta, desde a origem de minha vida intelectual, do lugar soberano da História entre as ciências antropológicas, e da força da escritura, desde que o saber aceite com ela comprometer-se; em seguida, mais perto de nós, Jean Baruzi e Paul Valéry, cujos cursos segui aqui mesmo, quando era adolescente; depois, mais perto ainda, Maurice Merleau-Ponty e Emile Benveniste; e, quanto ao presente, permitam-me abrir uma exceção, na discrição com que a amizade deve mantê-los inominados: Michel Foucault, a quem sou ligado por afeição, solidariedade intelectual e gratidão, pois foi ele quem se dispôs a apresentar à Assembleia dos Professores esta cadeira e seu titular.

Uma outra alegria me vem hoje, mais grave porque mais responsável: a de entrar num lugar que pode ser dito rigorosamente: *fora do poder*. Pois se me é permitido interpretar, por minha vez, o Colégio, direi que, na ordem das instituições, ele é como uma das últimas astúcias da História; a honra é geralmente uma sobra do poder; aqui, ela é sua subtração, sua parte intocada: o professor não tem aqui outra atividade senão a de pesquisar e de falar — eu diria prazerosamente de sonhar alto sua pesquisa — não de julgar, de escolher, de promover, de sujeitar-se a um saber dirigido: privilégio enorme, quase injusto, num momento em que o ensino das letras está dilacerado até o cansaço, entre as pressões da demanda tecnocrática e o desejo revolucionário de seus estudantes. Sem dúvida, ensinar, falar simplesmente, fora de toda sanção institucional, não constitui uma atividade que seja, por direito, pura de qualquer poder: o poder (a *libido dominandi*) aí está, emboscado em todo e qualquer discurso, mesmo quando este parte de um lugar fora do poder. Assim, quanto mais livre for esse ensino, tanto mais será necessário indagar-se sob que condições e segundo que operações o discurso pode despojar-se de todo desejo de agarrar. Esta interrogação constitui, a meu ver, o projeto profundo do ensino que hoje se inaugura.

É, com efeito, de poder que se tratará aqui, indireta mas obstinadamente. A "inocência" moderna fala do poder como se ele fosse um: de um lado, aqueles que o têm, de outro, os que não o têm; acreditamos que o poder fosse um objeto exemplarmente político; acreditamos agora que é também um objeto ideológico, que ele se insinua nos lugares onde não o ouvíamos de início, nas instituições, nos ensinos, mas, em suma, que ele é sempre uno. E, no entanto, se o poder fosse plural, como os demônios? "Meu nome é Legião", poderia ele dizer: por toda parte, de todos os lados, chefes, aparelhos, maciços ou minúsculos, grupos de opressão ou de pressão: por toda parte, vozes "autorizadas", que se autorizam a fazer ouvir o discurso de todo poder: o discurso da arrogância. Adivinhamos então que o poder está presente nos mais finos mecanismos do intercâmbio social: não somente no Estado, nas classes, nos grupos, mas ainda nas modas, nas opiniões correntes, nos espetáculos, nos jogos, nos esportes, nas informações, nas relações familiares e privadas, e até mesmo nos impulsos liberadores que tentam contestá-lo: chamo discurso de poder todo discurso que engendra o erro e, por conseguinte, a culpabilidade daquele que o recebe. Alguns esperam de nós, intelectuais, que nos agitemos a todo momento contra o Poder; mas nossa verdadeira guerra está alhures: ela é contra *os* poderes, e não é um combate fácil: pois, plural no espaço social, o poder é, simetricamente, perpétuo no tempo histórico: expulso, extenuado aqui, ele reaparece ali; nunca perece; façam uma revolução para destruí-lo, ele vai imediatamente reviver, regerminar no novo estado de coisas. A razão dessa resistência e dessa ubiquidade é que o poder é o parasita de um organismo trans-social, ligado à história inteira do homem, e não somente à sua história política, histórica. Esse objeto em que se inscreve o poder, desde toda eternidade humana, é: a linguagem — ou, para ser mais preciso, sua expressão obrigatória: a língua.

A linguagem é uma legislação, a língua é seu código. Não vemos o poder que reside na língua, porque esquecemos que toda língua é uma classificação, e que toda classificação é opressiva: *ordo* quer dizer, ao mesmo tempo, repartição e cominação. Jakobson mostrou que um idioma se define menos pelo que ele permite dizer do que por aquilo que ele obriga a dizer. Em nossa língua francesa (e esses são exemplos grosseiros), vejo-me adstrito a colocar-me primeiramente como sujeito, antes de enunciar a ação que, desde então, será apenas meu atributo: o que faço não é mais do que a consequência e a consecução do que sou; da mesma maneira, sou obrigado a escolher sempre entre o masculino e o feminino, o neutro e o complexo me são proibidos; do mesmo modo, ainda, sou obrigado a marcar minha relação com o outro recorrendo quer ao *tu*, quer ao *vous*; o suspense afetivo ou social me é recusado. Assim, por sua própria estrutura, a língua implica uma relação fatal de alienação. Falar, e com maior razão discorrer, não é comunicar, como se repete com demasiada frequência, é sujeitar: toda língua é uma reição generalizada.

Vou citar um dito de Renan: "O francês, Senhoras e Senhores, dizia ele, numa conferência, nunca será a língua do absurdo; também nunca será uma língua reacionária. Não posso imaginar uma reação séria tendo por órgão o francês." Pois bem, à sua maneira, Renan era perspicaz; ele adivinhava que a língua não se esgota na mensagem que engendra; que ela pode sobreviver a essa mensagem e nela fazer ouvir, numa ressonância muitas vezes terrível, outra coisa para além do que é dito, superimprimindo à voz consciente, razoável do sujeito, a voz dominadora, teimosa, implacável da estrutura, isto é, da espécie enquanto falante; o erro de Renan era histórico, não estrutural; ele acreditava que a língua francesa, formada — pensava ele — pela razão, obrigava à expressão de uma razão política que, em seu espírito, só podia ser democrática. Mas a língua, como desempenho de toda linguagem, não é nem reacionária, nem progressista; ela é simplesmente: fascista; pois o fascismo não é impedir de dizer, é obrigar a dizer.

Assim que ela é proferida, mesmo que na intimidade mais profunda do sujeito, a língua entra a serviço de um poder. Nela, infalivelmente, duas rubricas se delineiam: a autoridade da asserção, o gregarismo da repetição. Por um lado, a língua é imediatamente assertiva: a negação, a dúvida, a possibilidade, a suspensão de julgamento requerem operadores particulares que são eles próprios retomados num jogo de máscaras linguageiras; o que os linguistas chamam de modalidade nunca é mais do que o suplemento da língua, aquilo através do qual, como uma súplica, tento dobrar seu poder implacável de constatação. Por outro lado, os signos de que a língua é feita só existem na medida em que são reconhecidos, isto é, na medida em que se repetem; o signo é seguidor, gregário; em cada signo dorme este monstro: um estereótipo:

nunca posso falar senão recolhendo aquilo que se *arrasta* na língua. Assim que enuncio, essas duas rubricas se juntam em mim, sou ao mesmo tempo mestre e escravo: não me contento com repetir o que foi dito, com alojar-me confortavelmente na servidão dos signos: digo, afirmo, assento o que repito.

Na língua, portanto, servidão e poder se confundem inelutavelmente. Se chamamos de liberdade não só a potência de subtrair-se ao poder, mas também e sobretudo a de não submeter ninguém, não pode então haver liberdade senão fora da linguagem. Infelizmente, a linguagem humana é sem exterior: é um lugar fechado. Só se pode sair dela pelo preço do impossível: pela singularidade mística, tal como a descreve Kierkegaard, quando define o sacrifício de Abraão como um ato inédito, vazio de toda palavra, mesmo interior, erguido contra a generalidade, o gregarismo, a moralidade da linguagem; ou então pelo *amen* nietzschiano, que é como uma sacudida jubilatória dada ao servilismo da língua, àquilo que Deleuze chama de "capa reativa". Mas a nós, que não somos nem cavaleiros da fé nem super-homens, só resta, por assim dizer, trapacear com a língua, trapacear a língua. Essa trapaça salutar, essa esquiva, esse logro magnífico que permite ouvir a língua fora do poder, no esplendor de uma revolução permanente da linguagem, eu a chamo, quanto a mim: *literatura*.

Entendo por *literatura* não um corpo ou uma sequência de obras, nem mesmo um setor de comércio ou de ensino, mas o grafo complexo das pegadas de uma prática: a prática de escrever. Nela viso portanto, essencialmente, ao texto, isto é, ao tecido dos significantes que constitui a obra, porque o texto é o próprio aflorar da língua, e porque é no interior da língua que a língua deve ser combatida, desviada: não pela mensagem de que ela é o instrumento, mas pelo jogo das palavras de que ela é o teatro. Posso portanto dizer, indiferentemente: literatura, escritura ou texto. As forças de liberdade que residem na literatura não dependem da pessoa civil, do engajamento político do escritor que, afinal, é apenas um "senhor" entre outros, nem mesmo do conteúdo doutrinal de sua obra, mas do trabalho de deslocamento que ele exerce sobre a língua: desse ponto de vista, Céline é tão importante quanto Hugo, Chateaubriand tanto quanto Zola. O que tento visar aqui é uma responsabilidade da forma: mas essa responsabilidade não pode ser avaliada em termos ideológicos e por isso as ciências da ideologia sempre tiveram tão pouco domínio sobre ela. Dessas forças da literatura, quero indicar três, que colocarei sob três conceitos gregos: *Mathesis*, *Mimesis*, *Semiosis*.

A literatura assume muitos saberes. Num romance como *Robinson Crusoé*, há um saber histórico, geográfico, social (colonial), técnico, botânico, antropológico (Robinson passa da natureza à cultura). Se, por não sei que excesso de socialismo ou de barbárie, todas as nossas disciplinas devessem ser expulsas do ensino, exceto numa, é a disciplina literária que devia ser salva, pois todas as ciências estão presentes no monumento literário. É nesse sentido que se pode dizer que a literatura, quaisquer que sejam as escolas em nome das quais ela se declara, é absolutamente, categoricamente realista: ela é a realidade, isto é, o próprio fulgor do real. Entretanto, e nisso verdadeiramente enciclopédica, a literatura faz girar os saberes, não fixa, não fetichiza nenhum deles; ela lhes dá um lugar indireto, e esse indireto é precioso. Por um lado, ele permite designar saberes possíveis — insuspeitos, irrealizados: a literatura trabalha nos interstícios da ciência: está sempre atrasada ou adiantada com relação a esta, semelhante à pedra de Bolonha, que irradia de noite o que aprovisionou durante o dia, e, por esse fulgor indireto, ilumina o novo dia que chega. A ciência é grosseira, a vida é sutil, e é para corrigir essa distância que a literatura nos importa. Por outro lado, o saber que ela mobiliza nunca é inteiro nem derradeiro; a literatura não diz que sabe alguma coisa, mas que sabe *de* alguma coisa; ou melhor; que ela sabe algo das coisas — que sabe muito sobre os homens.

O que ela conhece dos homens é o que se poderia chamar de grande *estrago* da linguagem, que eles trabalham e que os trabalha, quer ela reproduza a diversidade dos socioletos, quer, a partir dessa diversidade, cujo dilaceramento ela ressente, imagine e busque elaborar uma linguagem-limite, que seria seu grau zero. Porque ela encena a linguagem, em vez de simplesmente utilizá-la, a literatura engrena o saber no rolamento da reflexividade infinita: através da escritura, o saber reflete incessantemente sobre o saber, segundo um discurso que não é mais epistemológico mas dramático.

É de bom-tom, hoje, contestar a oposição das ciências às letras, na medida em que relações cada vez mais numerosas, quer de modelo, quer de método, ligam essas duas regiões e apagam frequentemente sua fronteira; e é possível que essa oposição apareça um dia como um mito histórico. Mas, do ponto de vista da linguagem, que é o nosso aqui, essa oposição é pertinente: o que ela põe frente a frente não é aliás, forçosamente, o real e

AULA

a fantasia, a objetividade e a subjetividade, o Verdadeiro e o Belo, mas somente lugares diferentes de fala. Segundo o discurso da ciência — ou segundo certo discurso da ciência — o saber é um enunciado; na escritura, ele é uma enunciação. O enunciado, objeto habitual da linguística, é dado como o produto de uma ausência do enunciador. A enunciação, por sua vez, expondo o lugar e a energia do sujeito, quiçá sua falta (que não é sua ausência), visa ao próprio real da linguagem; ela reconhece que a língua é um imenso halo de implicações, de efeitos, de repercussões, de voltas, de rodeios, de redentes; ela assume o fazer ouvir um sujeito ao mesmo tempo insistente e insituável, desconhecido e no entanto reconhecido segundo uma inquietante familiaridade: as palavras não são mais concebidas ilusoriamente como simples instrumentos, são lançadas como projeções, explosões, vibrações, maquinarias, sabores: a escritura faz do saber uma festa.

O paradigma que aqui proponho não segue a partilha das funções; não visa a colocar de um lado os cientistas, os pesquisadores, e de outro os escritores, os ensaístas; ele sugere, pelo contrário, que a escritura se encontra em toda parte onde as palavras têm sabor (*saber* e *sabor* têm, em latim, a mesma etimologia). Curnonski dizia que, na culinária, é preciso que "as coisas tenham o gosto do que são". Na ordem do saber, para que as coisas se tornem o que são, o que foram, é necessário esse ingrediente, o sal das palavras. É esse gosto das palavras que faz o saber profundo, fecundo. Sei, por exemplo, que muitas proposições de Michelet são recusadas pela ciência histórica; isso não impede que Michelet tenha fundado algo como a etnologia da França e que, cada vez que um historiador desloca o saber histórico, no sentido mais largo do termo e qualquer que seja seu objeto, nele encontramos simplesmente: uma escritura.

A segunda força da literatura é sua força de representação. Desde os tempos antigos até as tentativas da vanguarda, a literatura se afaina na representação de alguma coisa. O quê? Direi brutalmente:

o real. O real não é representável, e é porque os homens querem constantemente representá-lo por palavras que há uma história da literatura. Que o real não seja representável — mas somente demonstrável — pode ser dito de vários modos: quer o definamos, com Lacan, como o *impossível*, o que não pode ser atingido e escapa ao discurso, quer se verifique, em termos topológicos, que não se pode fazer coincidir uma ordem pluridimensional (o real) e uma ordem unidimensional (a linguagem). Ora, é precisamente a essa impossibilidade topológica que a literatura não quer, nunca quer render-se. Que não haja paralelismo entre o real e a linguagem, com isso os homens não se conformam, e é essa recusa, talvez tão velha quanto a própria linguagem, que produz, numa faina incessante, a literatura. Poderíamos imaginar uma história da literatura, ou, melhor, das produções de linguagem, que seria a história dos *expedientes* verbais, muitas vezes louquíssimos, que os homens usaram para reduzir, aprisionar, negar, ou pelo contrário assumir o que é *sempre* um delírio, isto é, a inadequação fundamental da linguagem ao real. Eu dizia há pouco, a respeito do saber, que a literatura é categoricamente realista, na medida em que ela sempre tem o real por objeto de desejo; e direi agora, sem me contradizer, porque emprego a palavra em sua acepção familiar, que ela é também obstinadamente: irrealista; ela acredita sensato o desejo do impossível.

Essa função, talvez perversa, portanto feliz, tem um nome: é a função utópica. Reencontramos aqui a História. Pois foi na segunda metade do século XIX, num dos períodos mais desolados da infelicidade capitalista, que a literatura encontrou, pelo menos para nós, franceses, com Mallarmé, sua figura exata: a modernidade — nossa modernidade, que então começa — pode ser definida por este fato novo: nela se concebem *utopias de linguagem*. Nenhuma "história da literatura" (se ainda se escrever alguma) poderia ser justa se se contentasse, como no passado, com encadear escolas, sem marcar o corte que põe então a nu um novo profetismo: o da escritura. "Mudar a língua", expressão mallarmeana, é concomitante com "Mudar o mundo", expressão marxiana: existe uma escuta política de Mallarmé, daqueles que o seguiram e o seguem ainda.

Segue-se daí uma certa ética da linguagem literária, que deve ser afirmada porque ela é contestada. Censura-se frequentemente o escritor, o intelectual, por não escrever a língua de "toda a gente". Mas é bom que os homens, no interior de um mesmo idioma — para nós o francês — tenham várias línguas. Se eu fosse legislador — suposição aberrante para alguém que, etimologicamente falando, é "an-arquista" — longe de impor uma unificação do francês, quer burguesa, quer popular, eu encorajaria, pelo contrário, a aprendizagem simultânea de várias línguas francesas, com funções diversas, promovidas à igualdade. Dante discute muito seriamente para decidir em que língua escreverá o *Convívio*: em latim ou em toscano? Não é absolutamente por razões políticas ou polêmicas que ele escolhe a língua vulgar; é por considerar a apropriação de uma ou outra língua a seu assunto: as duas línguas — como para nós o francês clássico e o francês moderno, o francês escrito e o francês falado — formam assim uma reserva na qual ele pode abeberar-se livremente, *segundo a verdade do desejo*. Essa liberdade é um luxo que toda sociedade deveria proporcionar a seus cidadãos: tantas linguagens quantos desejos houver: proposta utópica, pelo fato de que nenhuma sociedade está ainda pronta a admitir que há vários desejos. Que uma língua, qualquer que seja, não reprima outra: que o sujeito futuro conheça, sem remorso, sem recalque, o gozo de ter a sua disposição duas instâncias de linguagem, que ele fale isto ou aquilo segundo as perversões, não segundo a Lei.

A utopia, é claro, não preserva do poder: a utopia da língua é recuperada como língua da utopia — que é um gênero como qualquer outro. Pode-se dizer que nenhum dos escritores que partiram de um combate assaz solitário contra o poder da língua pôde ou pode evitar ser recuperado por ele, quer sob a forma póstuma de uma inscrição na cultura oficial, quer sob a forma presente de uma moda que impõe sua imagem e lhe prescreve a conformidade com aquilo que dele se espera. Não há outra saída para esse autor senão o deslocamento — ou a teimosia — ou os dois ao mesmo tempo.

Teimar quer dizer afirmar o Irredutível da literatura: o que nela resiste e sobrevive aos discursos tipificados que a cercam: as filosofias, as ciências, as psicologias; agir como se ela fosse incomparável e imortal. Um escritor — entendo por escritor não o mantenedor de uma função ou o servidor de uma arte, mas o sujeito de uma prática — deve ter a teimosia do espia que se encontra na encruzilhada de todos os outros discursos, em posição *trivial* com relação à pureza das doutrinas (*trivialis* é o atributo etimológico da prostituta que espera na intersecção de três caminhos). Teimar quer dizer, em suma, manter ao revés e contra tudo a força de uma deriva e de uma espera. E é precisamente porque ela teima que a escritura é levada a deslocar-se. Pois o poder se apossa do gozo de escrever como se apossa de todo gozo, para manipulá-lo e fazer dele um produto gregário, não perverso, do mesmo modo que ele se apodera do produto genético do gozo de amor para dele fazer, em seu proveito, soldados e militantes. *Deslocar-se* pode pois querer dizer: transportar-se para onde não se é esperado, ou ainda e mais radicalmente, *abjurar* o que se escreveu (mas não, forçosamente, o que se pensou), quando o poder gregário o utiliza e serviliza. Pasolini foi assim levado a "abjurar" (a palavra é dele) seus três filmes da *Trilogia da Vida*, porque ele constatou que o poder os utilizava — sem, no entanto, lamentar havê-los escrito: "Penso, diz ele num texto póstumo, que *antes* da ação não se deve nunca, em nenhum caso, temer uma anexação por parte do poder e de sua cultura. É preciso comportar-se como se essa perigosa eventualidade não existisse... Mas penso também que *depois* é preciso saber perceber até que ponto se foi utilizado, eventualmente, pelo poder. E então, se nossa sinceridade ou nossa necessidade foram servilizadas ou manipuladas, penso que é absolutamente preciso ter a coragem de abjurar."

Ao mesmo tempo teimar e deslocar-se, isso tem a ver, em suma, com um método de jogo. Assim não devemos espantar-nos se, no horizonte impossível da anarquia linguageira — ali onde a língua tenta escapar ao seu próprio poder, à sua própria servidão —, encontramos algo que se relaciona com o teatro. Para designar o impossível da língua, citei dois autores: Kierkegaard e Nietzsche. Entretanto, um e outro escreveram; mas foi, para um e outro, ao revés da própria identidade, no jogo, no risco desvairado do nome próprio: um, pelo recurso incessante a pseudonímia; o outro chegando, no fim de sua vida de escritura, como o mostrou Klossovski, aos limites do histrionismo. Pode-se dizer que a terceira força da literatura, sua força propriamente semiótica, consiste em *jogar* com os signos em vez de destruí-los, em colocá-los numa maquinaria de linguagem cujos breques e travas de segurança arrebentaram, em suma, em instituir no próprio seio da linguagem servil uma verdadeira heteronímia das coisas.

Eis-nos diante da semiologia.

É preciso primeiramente dizer de novo que as ciências (pelo menos aquelas de que tenho alguma leitura) não são eternas: são valores que sobem e descem numa Bolsa, a Bolsa da História: bastaria lembrar, a esse respeito, a sorte bolsista da Teologia, discurso hoje exíguo e, no entanto, outrora ciência soberana, a tal ponto que a colocavam fora e acima do Septenium. A fragilidade das ciências ditas humanas decorre talvez disto: são ciências da *imprevisão* (daí os dissabores e o mal-estar taxinômico da Economia) — o que altera imediatamente a ideia da ciência: a própria ciência do desejo, a psicanálise, não pode deixar de morrer um dia, se bem que lhe devamos muito, como devemos muito à Teologia: pois o desejo é mais forte do que sua interpretação.

Por seus conceitos operatórios, a semiologia, que se pode definir canonicamente como a ciência dos signos, saiu da linguística. Mas a própria linguística, um pouco como a economia (e a comparação não é talvez insignificante), está em vias de estourar, parece-me, por dilaceramento: por um lado, ela está atraída por um polo formal, e seguindo essa inclinação, como a economia, formaliza-se cada vez mais; por outro lado, ela se apodera de conteúdos cada vez mais numerosos e cada vez mais afastados de seu campo original; assim como o objeto da economia está hoje em toda parte, no político, no social, no cultural, do mesmo modo o objeto da linguística é sem limites: a língua, segundo uma intuição de Benvenista, é o próprio social. Em resumo, quer por excesso de ascese, quer por excesso de fome, escanifrada ou empanzinada, a linguística se desconstrói. É essa desconstrução da linguística que chamo, quanto a mim, de *semiologia*.

Pôde-se ver que, ao longo de toda a minha apresentação, passei sub-repticiamente da língua ao discurso, para voltar, às vezes sem prevenir, do discurso à língua, como se se tratasse do mesmo objeto. Hoje creio realmente que, sob a pertinência que aqui se escolheu, língua e discurso são indivisos, pois eles deslizam segundo o mesmo eixo de poder. Entretanto, em seus primórdios, essa distinção, de origem saussuriana (sob as espécies do par Língua/Fala) prestou grandes serviços; ela deu à semiologia a coragem para começar; por essa oposição, eu podia reduzir o discurso, miniaturizá-lo como exemplo de gramática, e assim podia esperar manter toda a comunicação humana sob minha rede, como Wotan e Loge estivando Alberico metamorfoseado em sapinho. Mas o exemplo não é "a própria coisa", e a coisa linguageira não pode ser tida e contida nos limites da frase. Não são somente os fonemas, as palavras e as articulações sintáticas que estão submetidos a um regime de liberdade condicional, já que não podemos combiná-los de qualquer jeito; é todo o lençol do discurso que é fixado por uma rede de regras, de constrangimentos, de opressões, de repressões, maciças ou tênues no nível retórico, sutis e agudas no nível gramatical: a língua aflui no discurso, o discurso reflui na língua, eles persistem um sob o outro, como na brincadeira de mão. A distinção entre língua e discurso não aparece mais, senão como uma operação transitória — algo, em suma, a "abjurar". Chegou um tempo em que, como atingido por uma surdez progressiva, não ouvi senão um único som, o da língua e do discurso misturados. A linguística me pareceu, então, estar trabalhando sobre um imenso engano, sobre um objeto que ela tornava abusivamente próprio e puro, enxugando os dedos na meada do discurso, como Trimalcião nos cabelos de seus escravos. A semiologia seria, desde então, aquele trabalho que recolhe o impuro da língua, o refugo da linguística, a corrupção imediata da mensagem: nada menos do que os desejos, os temores, as caras, as intimidações, as aproximações, as ternuras, os protestos, as desculpas, as agressões, as músicas de que é feita a língua ativa.

Sei o que tal definição tem de pessoal. Sei o que ela me obriga a calar: em certo sentido, e bem paradoxalmente, toda a semiologia, aquela que se busca e já se impõe como ciência positiva dos signos, e que se desenvolve em revistas, associações, universidades e centros de estudos. Parece-me, no entanto, que a instituição de uma cadeira no Colégio de França pretende menos consagrar uma disciplina do que permitir que se prossiga certo trabalho individual, a aventura de certo sujeito. Ora, a semiologia, no que me concerne, partiu de um movimento propriamente passional: pareceu-me (por volta de 1954) que uma ciência dos signos podia ativar a crítica social, e que Sartre, Brecht e Saussure podiam juntar-se nesse projeto; tratava-se, em suma, de compreender (ou de descrever) como uma sociedade produz estereótipos, isto é, cúmulos de artifício, que ela consome em seguida como sentidos inatos; isto é, cúmulos de natureza. A semiologia (minha semiologia, pelo menos) nasceu de uma intolerância para com essa mistura de má-fé e de boa consciência que caracteriza a moralidade geral, e que Brecht chamou, atacando-a, de Grande Uso. *A língua trabalhada pelo poder*; tal foi o objeto dessa primeira semiologia.

A semiologia deslocou-se depois disso, coloriu-se diferentemente, embora conservando o mesmo objeto, político — pois não existe outro. Esse deslocamento fez-se porque a sociedade intelectual mudou, quando mais não fosse pela ruptura de maio de 1968. Por um lado, trabalhos contemporâneos modificaram e modificam a imagem crítica do sujeito social e do sujeito falante. Por outro lado, evidenciou-se que, à medida que os aparelhos de contestação se multiplicavam, o próprio poder, como categoria discursiva, se dividia, se estendia como uma água que escorre por toda parte, cada grupo opositor tornando-se, por sua vez e à sua maneira, um grupo de pressão, e entoando em seu próprio nome o próprio discurso do poder, o discurso universal: uma espécie de excitação moral tomou conta dos corpos políticos e, mesmo quando se reivindicava a favor do gozo, era num tom cominatório. Viram-se assim a maior parte das liberações postuladas, as da sociedade, da cultura, da arte, da sexualidade, enunciar-se sob as espécies de um discurso de poder: vangloriavam-se de pôr em evidência o que havia sido esmagado, sem ver o que, assim fazendo, se esmagava alhures.

Se a semiologia de que falo voltou então ao Texto é que, nesse concerto de pequenas dominações, o Texto lhe apareceu como o próprio índice do *despoder*. O Texto contém nele a força de fugir infinitamente da palavra gregária (aquela que se agrega), mesmo quando nele ela procura reconstituir-se; ele empurra sempre para mais longe — e é esse movimento de *miragem* que tentei descrever e justificar há pouco, ao falar da literatura — ele empurra para outro lugar, um lugar inclassificado, atópico, por assim dizer, longe dos *topoi* da cultura politizada, "esse constrangimento de formar conceitos, espécies, formas, fins, leis. . . esse mundo de casos idênticos", de que fala Nietzsche; ele soergue, de modo frágil e transitório, essa chapa de generalidade, de moralidade, de in-diferença (separemos bem o prefixo do radical), que pesa sobre nosso discurso coletivo. A literatura e a semiologia acabam assim por conjugar-se e por corrigir--se uma a outra. Por um lado, a volta incessante ao texto, antigo ou moderno, o mergulho regular na mais complexa das práticas significantes, isto é, a escritura (já que ela se opera a partir de signos prontos), obriga a semiologia a trabalhar sobre as diferenças e impede-a de dogmatizar, de "pegar" — de tornar-se pelo discurso universal que ela não é. E, por sua vez, o olhar semiótico pousado sobre o texto obriga a recusar o mito a que ordinariamente se recorre para salvar a literatura da palavra gregária de que ela está cercada, e que a comprime, e que é o mito da criatividade pura: o signo deve ser pensado — ou repensado — para que melhor se decepcione.

A semiologia de que falo é ao mesmo tempo *negativa* e *ativa*. Alguém em quem se debateu, nos bons e nos maus momentos, essa diabrura, a linguagem, só pode ser fascinado pelas formas de seu vazio — que é o contrário absoluto de seu oco. A semiologia aqui proposta é pois negativa — ou, melhor ainda, por mais pesado que seja o termo: *apofática*: não porque ela negue o signo, mas porque nega que seja possível atribuir-lhe caracteres positivos, fixos, a-históricos, acorpóreos, em suma: científicos. Esse apofatismo acarreta pelo menos duas consequências, que interessam diretamente ao ensino da semiologia.

A primeira é que a semiologia, embora, na origem, tudo a isso a predispusesse, já que ela é linguagem sobre as linguagens, não pode ser ela própria uma metalinguagem. É precisamente ao refletir sobre o signo, que ela descobre que toda relação de exterioridade de uma linguagem com respeito a outra é, *com o passar do tempo*, insustentável: o tempo desgasta meu poder de distância, mortifica-o, faz dessa distância uma esclerose: não posso ficar a vida toda *fora* da linguagem, tratando-a como um alvo, e *dentro* da linguagem, tratando-a como uma arma. Se é verdade que o sujeito da ciência é aquele que não se expõe à vista, e que é afinal essa retenção do espetáculo que chamamos "metalinguagem", então, o que sou obrigado a assumir, falando dos signos com signos, é o próprio espetáculo dessa bizarra coincidência, desse estrabismo estranho que me aparenta aos mostradores de sombras chinesas, quando esses exibem ao mesmo tempo suas mãos e o coelho, o pato, o lobo, cuja silhueta simulam. E se alguns se aproveitam dessa condição para negar à semiologia ativa, aquela que escreve, toda relação com a ciência, é preciso sugerir-lhes que é por um abuso epistemológico *que começa precisamente a desmoronar*, que identificamos metalinguagem e ciência, como se uma fosse a condição obrigatória da outra, quando a primeira não é mais do que o signo histórico da segunda, portanto refutável; já é talvez tempo de distinguir a metalinguística, que é uma marca como qualquer outra, do científico, cujos critérios estão alhures (talvez, seja dito de passagem, o que é propriamente científico seja destruir a ciência que precede).

A semiologia tem uma relação com a ciência, mas não é uma disciplina (é a segunda consequência de seu apofatismo). Que relação? Uma relação ancilar: ela pode ajudar certas ciências, ser, por algum tempo, sua companheira de viagem, propor-lhes um protocolo operatório a partir do qual cada ciência deve especificar a diferença de seu corpus. Assim, a parte da semiologia que melhor se desenvolveu, isto é, a análise das narrativas, pode prestar serviços à História, à etnologia, à crítica dos textos, à exegese, à iconologia (toda imagem é, de certo modo, uma narrativa). Por outras palavras, a semiologia não é uma chave, ela não permite apreender diretamente o real, impondo-lhe um transparente geral que o tornaria inteligível; o real, ela busca antes soerguê-lo, em certos pontos e em certos momentos, e ela diz que esses efeitos de solevamento do real são possíveis sem chave: aliás é precisamente quando a semiologia quer ser uma chave que ela não desvenda coisa alguma. Disso decorre que a semiologia não está num papel de substituição com relação a nenhuma disciplina; eu desejaria que a semiologia não tomasse aqui o lugar de nenhuma outra pesquisa mas, pelo contrário, que ela as ajudasse a todas, que tivesse por sede uma espécie de cadeira móvel, curinga do saber de hoje, como o próprio signo o é de todo discurso.

Essa semiologia negativa é uma semiologia ativa: ela se desdobra fora da morte. Quero assim dizer que ela não repousa numa "semiófisis", uma naturalidade inerte do signo, e que também não é uma "semioclastia", uma destruição do signo. Ela seria antes, para continuar o paradigma grego: uma *semiotropia*: voltada para o signo, este a cativa e ela o recebe, o trata e, se preciso for, o imita, como um espetáculo imaginário. O semiólogo seria, em suma, um artista (essa palavra não é aqui nem gloriosa, nem desdenhosa: refere-se somente a uma tipologia): ele joga com os signos como um logro consciente, cuja fascinação saboreia, quer fazer saborear e compreender. O signo — pelo menos o signo que ele vê — é sempre imediato, regrado por uma espécie de evidência que lhe salta aos olhos, como estalo do Imaginário — e é por isso que a semiologia (deveria eu precisar novamente: a semiologia daquele que aqui fala) não é uma hermenêutica: ela pinta, mais do que perscruta, *via di porre* mais do que *via di levare*. Seus objetos de predileção são os textos do Imaginário: as narrativas, as imagens, os retratos, as expressões, os idioletos, as paixões, as estruturas que jogam ao mesmo tempo com uma aparência de verossimilhança e com uma incerteza de verdade. Chamaria de bom grado "semiologia" o curso das operações ao longo do qual é possível — quiçá almejado — usar o signo como um véu pintado, ou ainda uma ficção.

Esse gozo do signo imaginário é hoje concebível graças a certas mutações recentes, que afetam mais a cultura do que a própria sociedade: uma situação nova modifica o uso que podemos fazer das forças da literatura de que falei. Por um lado, e antes de mais nada, desde a Libertação, o mito do grande escritor francês, depositário sagrado de todos os valores superiores, desgasta-se, extenua-se e morre pouco a pouco com cada um dos últimos sobreviventes do período entre as duas Guerras; é um novo *tipo* que entra em cena, que não se sabe mais — ou não se sabe ainda — como chamar: escritor? intelectual? escriptor? De qualquer modo, a *maestria* literária desaparece, o escritor não pode mais paradear. Por outro lado, e em seguida, maio de 1968 manifestou a crise do ensino: os valores antigos não se transmitem mais, não circulam mais, não impressionam mais; a literatura está dessacralizada, as instituições estão impotentes para protegê-la e impô-la como o modelo implícito do humano. Não é, por assim dizer, que a literatura esteja destruída: é que *ela não está mais guardada*: é pois o momento de ir a ela. A semiologia literária seria essa viagem que permite desembarcar numa paisagem livre por deserança: nem anjos nem dragões estão mais lá para defendê-la; o olhar pode então voltar-se, não sem perversidade, para coisas antigas e belas, cujo significado é abstrato, perempto: momento ao mesmo tempo decadente e profético, momento de suave apocalipse, momento histórico do maior gozo.

Se, portanto, nesse ensino que, por seu próprio lugar, nada é chamado a sancionar, senão a fidelidade de seus ouvintes, se portanto o método intervém a título de procedimento sistemático, não pode ser um método heurístico, que visaria a produzir deciframentos e apresentar resultados. O método não pode ter por objeto senão a própria linguagem, à medida que ele luta para baldar todo discurso *que pega*: e por isso é justo dizer que esse método é também ele uma Ficção: proposta já avançada por Mallarmé, quando pensava em preparar uma tese de linguística: "Todo método é uma ficção. A linguagem apareceu-lhe como o instrumento da ficção: ele seguirá o método da linguagem: a linguagem se refletindo." O que eu gostaria de renovar, cada um dos anos em que me será dado aqui ensinar, é a maneira de apresentar a aula ou o seminário, em suma, de "manter" um discurso sem o impor: esta será a aposta metódica, a *questio*, o ponto a ser debatido. Pois o que pode ser opressivo num ensino não é finalmente o saber ou a cultura que ele veicula, são as formas discursivas através das quais ele é proposto. Já que este ensino tem por objeto, como tentei sugerir, o discurso preso à fatalidade de seu poder, o método não pode realmente ter por objeto senão os meios próprios para baldar; desprender, ou pelo menos aligeirar esse poder. E eu me persuado cada vez mais, quer ao escrever, quer ao ensinar, que a operação fundamental desse método de desprendimento é, ao escrever, a fragmentação, e ao expor, a digressão ou, para dizê-lo por uma palavra preciosamente ambígua: a *excursão*. Gostaria pois que a fala e a escuta que aqui se trançarão fossem semelhantes às idas e vindas de uma criança que brinca em torno da mãe, dela se afasta e depois volta, para trazer-lhe uma pedrinha, um fiozinho de lã, desenhando assim ao redor de um centro calmo toda uma área de jogo, no interior da qual a pedrinha ou a lã importam finalmente menos do que o dom cheio de zelo que deles se faz.

Quando a criança age assim, não faz mais do que desenrolar as idas e vindas de um desejo, que ela apresenta e representa sem fim. Creio sinceramente que, na origem de um ensino como este, é preciso aceitar que se coloque sempre um fantasma, o qual pode variar de ano a ano. Isso, eu o sinto, pode parecer provocante: como ousar falar, no âmbito de uma instituição, por mais livre que seja, de um ensino fantasmático? Entretanto, se considerarmos um instante a mais segura das ciências humanas, isto é, a História, como não reconhecer que ela tem uma relação contínua com o fantasma? É o que Michelet tinha compreendido: a História, em fim de contas, é a história do lugar fantasmático por excelência, isto é, o corpo humano; foi partindo desse fantasma, ligado nele à ressurreição lírica dos corpos passados, que Michelet pôde fazer da História uma imensa antropologia. A ciência pode, portanto, nascer do fantasma. É a um fantasma, dito ou não dito, que o professor deve voltar anualmente, no momento de decidir sobre o sentido de sua viagem; desse modo, ele se desvia do lugar em que o esperam, que é o lugar do Pai, sempre morto, como se sabe; pois só o filho tem fantasmas, só o filho está vivo.

Outro dia, reli o romance de Thomas Mann, *A Montanha Mágica*. Esse livro traz à cena uma doença que conheci bem, a tuberculose; pela leitura, eu tinha reunidos, em minha consciência, três momentos dessa doença: o momento da anedota, que se passa antes da Guerra de 1914, o momento de minha própria doença, por volta de 1942, e o momento atual em que esse mal, vencido pela quimioterapia, não tem mais o mesmo rosto de outrora. Ora, a tuberculose que eu vivi é, com mínimas diferenças, a tuberculose de *A Montanha Mágica*: os dois momentos se confundiam, igualmente afastados de meu próprio presente. Percebi então com estupefação (só as evidências podem estupefazer) que *meu próprio corpo era histórico*. Em certo sentido, meu corpo é contemporâneo de Hans Castorp, o herói de *A Montanha Mágica*; meu corpo, que ainda não tinha nascido, tinha já vinte anos em 1907, ano em que Hans penetrou e se instalou no "país do alto"; meu corpo é bem mais velho do que eu, como se conservássemos sempre a idade dos medos sociais com os quais o acaso da vida nos pôs em contato. Portanto, se quero viver, devo esquecer que meu corpo é histórico, devo lançar-me na ilusão de que sou contemporâneo dos jovens corpos presentes, e não de meu próprio corpo, passado. Em síntese; periodicamente, devo renascer, fazer-me mais jovem do que sou. Com cinquenta e um anos, Michelet começava sua *vita nuova*: nova obra, novo amor. Mais idoso do que ele (compreende-se que esse paralelo é de afeição), eu também entro numa *vita nuova*, marcada hoje por este lugar novo, esta nova hospitalidade. Empreendo, pois, o deixar-me levar pela força de toda vida viva: o esquecimento. Há uma idade em que se ensina o que se sabe; mas vem em seguida outra, em que se ensina o que não se sabe: isso se chama *pesquisar*. Vem talvez agora a idade de uma outra experiência, a de *desaprender*, de deixar trabalhar o remanejamento imprevisível que o esquecimento impõe à sedimentação dos saberes, das culturas, das crenças que atravessamos. Essa experiência tem, creio eu, um nome ilustre e fora de moda, que ousarei tomar aqui sem complexo, na própria encruzilhada de sua etimologia: *Sapientia*: nenhum poder, um pouco de saber, um pouco de sabedoria, e o máximo de sabor possível.

LIÇÃO DE CASA
Leyla Perrone-Moisés*

---
*Leyla Perrone-Moisés é crítica literária e professora emérita da USP. Fora do Brasil, deu aulas nas Universidades de Sorbonne, Montreal, Yale e na École Pratique des Hautes Études.

Em 1976, eu dava um curso de pós-graduação sobre a noção de escritura e a teoria da intertextualidade, para especular em seguida sobre uma "crítica-escritura", gênero incerto, atópico e utópico (portanto, um não gênero), do qual Barthes é o representante ao mesmo tempo que o inspirador teórico.

Um rapaz que não estava inscrito no curso apareceu uma tarde, naquela sala, levado por algum acaso ou atraído por não sei que ecos do que ali se dizia. Achei logo que ele devia dar-se bem naquele curso, e pensei isso por causa de uma echarpe colorida que ele usava (afinal, esse é um critério de admissão como qualquer outro, não mais aleatório do que alguns dos que presidem às entrevistas de pós-graduação). Em pouco tempo, esse rapaz era o participante mais entusiasta do seminário; a fascinação barthesiana tinha agido sem a presença e Barthes, através da pessoa interposta que dizia apenas: "Eis um texto que me fascina."

No final de uma aula, esse jovem veio perguntar-me se eu achava que se podia *viver* aquilo: a "tática sem estratégia", a perda do sujeito em gozo, a subversão na e pela linguagem. O lado aventureiro da crítica se alvoroçou, o lado maternal da professora se inquietou. Respondi que, quando não se é escritor como Barthes, há um grande risco de "quebrar a cara". O aluno me disse então que ia adiar a passagem à prática.

A adesão intempestiva desse rapaz a questões teóricas que ultrapassavam seu saber, mas acenavam a seu desejo, sugeriu-me algumas perguntas. O que quer dizer: "um escritor como Barthes"? Isso não quer dizer "um escritor à maneira de Barthes", ou "um escritor barthesiano" (este é o erro dos epígonos), mas "um escritor como Barthes é escritor". A lição de Barthes, como a de todo artista, pode resumir-se no seguinte: "Eis o que eu fiz, isto não é para ser refeito, pois já está feito; mas o fato de que eu o tenha feito prova que é fazível." (Sempre me impressionei, nos museus, por esta lição exclusiva — nos dois sentidos — dos grandes quadros: "Eis aí, é isto; eu te desafio a achar *outra* coisa tão certa como esta." Não um modelo, portanto nenhuma lição efetiva, mas a afirmação de uma possibilidade e uma espécie de desafio tranquilo.)

Esta é a grande questão de um ensino artístico e, no caso de Barthes, de um ensino escritural: aberração, se ele for entendido como a transmissão de um *know-how*, pois o *know-how* da arte é irrepetível; mas possibilidade, se se entender esse ensino como a aprendizagem de uma postura ou de uma impostação artística. A suspeita de impostura paira, é claro, sobre tal ensino. Pois a ética subentendida no ensino institucional exige a repetição (para a manutenção do sistema, como já apontara Nietzsche), e a repetição implica uma responsabilidade do modelo, isto é, do mestre.

Se considerarmos as armadilhas da linguagem apontadas por Barthes nesta Aula (repetição e gregaridade) e as pressões que outros discursos, responsáveis porque transitivos, exercem sobre a escritura, pode-se colocar uma outra pergunta: um escritor como Barthes, um escritor *tout court*, não se arrisca constantemente a quebrar sua cara enquanto pessoa física? E que dizer então de um escritor-professor? Se até mesmo de um artista se cobram "mensagens" e "posicionamentos", quanto mais de um professor! (E o que parece não passar pela cabeça dos que cobram "posicionamentos" é o quanto essa cobrança tem de imobilizante, de ordenadora, de controladora — portanto, de antiprogressista.)

Algum tempo depois, aquele jovem perguntador a quem devolvi tantas perguntas foi para Paris, de onde me enviou um presente: era a Aula Inaugural de Barthes, gravada pelo aluno em minha intenção. Era a pedrinha, o fio de lã, um dom que desenhava um círculo a mais, excêntrico e transatlântico, na área afetiva referida na Aula.

O dom poderia ser ambíguo: aquela fita, aquele barbante enrolado e desenrolado (o *fort-da* de Freud?), continha a voz do Mestre, e sua voz enunciava uma Lição. Meu discípulo vinha agora ensinar-me pela voz de meu Mestre? Eu estava então destituída de meu saber, remetida de volta aos bancos escolares? Ora, bastava ouvir a fita, para tornar evidente a impertinência de tais inquietações. Só um discurso de saber, de verdade e de poder, poderia colocar-se como mais autorizado, originário e último. O discurso de Barthes, não sendo uma fala magistral mas uma escritura, nunca é uma ameaça de opressão, mas um convite ao jogo.

O dom era aquele do jogo de passar anel. Do outro lado do Oceano, meu aluno me devolvia o anel que um dia eu pusera em suas mãos, após tê-lo recebido de Barthes. E, nesse jogo, o anel nunca é o mesmo, mas "uma outra volta da espiral".

Em 1978, em outra universidade, uma estudante engajada explodiu: "Nós não temos nada a ver com esse velho intelectual europeu decadente. Os problemas da realidade brasileira são completamente diferentes." Diante da veemência do protesto, achei prudente esperar a continuação. Depois de um silêncio, ela acrescentou, irritada: "Mas não consigo parar de ler este livro, e ele *mexe comigo*!" Era *O Prazer do Texto*.

No fim do semestre, ela me entregou um trabalho intitulado "Da resistência ao prazer"; a primeira parte do trabalho se chamava "De olho em Barthes". E aí se lia: "Da perda inevitável de si (resistir às próprias vísceras), o limite histórico de mim: oscilar entre o plural invisivelmente vislumbrado e o vácuo tangível." (Lembrei-me do que Barthes dissera ao grupo do seminário, em 1973, sobre o livro que acabara de publicar: "Tive medo ao escrever esse livro, quase não o soltei. Era um texto que me dessituava com relação a uma certa atitude intelectual, que me desprotegia.

É um livro sobre o pulsar do coração: medo, gozo, erupção da alteridade.")

A aluna brasileira dizia ainda: "Meu ser histórico guerreia: como."

A Aula Inaugural pode ser vista como um prisma ou um caleidoscópio. Toda a obra anterior de Barthes nela está retratada, tudo aí volta, deformado e reformado do ponto de vista atual, a partir do qual ele olha esse passado de escritura e de ensino.

Roland Barthes por Roland Barthes já tinha esse aspecto de retomada; mas era um *patchwork* ou, para os jogadores, um *puzzle*. A Aula, por seu caráter unificador de balanço (exigência do gênero), por sua forma discursiva de estrutura clássica, poderia tender para a visão de conjunto ou quadro. Mas, se algumas cores e certas formas recorrentes sustentam a unidade do conjunto, as astutas oscilações da enunciação tornam essas formas e cores imperceptivelmente movediças, fazendo variar as figuras, como no caleidoscópio.

A Aula é enunciada numa forma nitidamente retórica: segundo uma retórica clássica que aconselharia, para uma aula inaugural no Colégio de França, a polidez (elogios, agradecimentos), a modéstia (precaução dos condicionais, dos "talvez", dos "quanto a mim", dos "por assim dizer"), a elegância (inversões, falsas perguntas, coerência lógica: abundância de "ora", "pois", "por um lado, por outro", exposição tripartite), o saber (alusões, referências, citações).

Mas essa retórica da Aula, justamente por ser impecável, cria pelo menos duas incertezas. Primeiramente, há um excesso (quase imperceptível, daí a incerteza) de polidez e de elegância, frisando o antiquado, criando a sombra de uma suspeita de ironia. O enunciador toma distância, num grau a mais do que o exigido. Além disso, há uma divergência entre essa forma voluntariamente clássica e mesmo convencional, e os conteúdos, não convencionais. Aliás, quanto mais aquilo que se enuncia é não conforme, mais a retórica se afina, os operadores de precaução se multiplicam.

Na gravação da Aula, isso é bem sensível: quanto mais provocante a afirmação, mais suave é a voz e mais tranquila a dicção; o momento em que Barthes fala mais serenamente é quando afirma: "A língua é simplesmente fascista."

A Aula é, assim, a demonstração prática da subversão de um discurso, por um trabalho de sapa levado a efeito em seu interior. A perfeita adequação de uma linguagem a um lugar e a um gênero é desviada em subversão do lugar e do gênero.

Entretanto, o sujeito dessa enunciação permanece incerto. O lado "senhor muito fino", o lado clássico de Barthes é suscetível de fazer tal discurso a sério; e o lado anarquista é suscetível de sorrir sob a máscara. Barthes joga, representa, prega peças.

Falei de *ironia*. A ironia é uma forma clássica de distanciamento (ele próprio o disse, mais de uma vez); ela supõe uma hierarquia, um olhar lançado de cima. Daí a pergunta: a ironia não é uma forma discursiva de poder? Por outras palavras: o discurso de um mestre da linguagem pode ser, alguma vez, desprotegido e inocente, como o do apaixonado de que ele fala nos *Fragmentos de um Discurso Amoroso*? Como se jogam os afetos e as defesas numa Aula Inaugural?

"Em cada signo dorme este monstro: um estereótipo."

Toda a obra de Barthes, em sua multiplicidade, em sua "infidelidade" a posições anteriormente ocupadas (mas nunca assumidas), persegue obstinadamente este objetivo: a caça (e a fuga) ao estereótipo. As *Mitologias* desnudavam os mitos da sociedade francesa contemporânea; o *Sistema da Moda* desmontava implacavelmente os clichês das revistas femininas; *Crítica e Verdade* e grande parte dos *Ensaios Críticos* desmascaravam os pressupostos da crítica literária tradicional; *S/Z* fazia estourar, do interior, a sistemática estruturalista, que já se imobilizara num vocabulário e numa metodologia pretensamente garantidos pela "cientificidade"; *O Prazer do Texto* atacava esse imaginário científico, trazia à cena o que ele recalcava, fazia implodir o sujeito intelectual; *Roland Barthes por Roland Barthes* destruía, num trabalho de ficção, o mito da autobiografia e da autoanálise.

Por que essa teimosia na perseguição de todo estereótipo, de todo lugar-comum, toda palavra de ordem, toda expressão do bom senso e da boa consciência? Porque o trabalho de Barthes, como o de todo escritor, se efetua na linguagem e, para ele, transformar o mundo é transformar a linguagem, combater suas escleroses e resistir a seus acomodamentos. Combater os estereótipos é pois uma tarefa essencial, porque neles, sob o manto da naturalidade, a ideologia é veiculada, a inconsciência dos seres falantes com relação a suas verdadeiras condições de fala (de vida) é perpetuada.

A grande inimiga de Barthes é sempre a Doxa ou opinião pública, o Espírito majoritário, o Consenso pequeno-burguês, a Voz do Natural, a Violência do Preconceito: a Doxa "difunde e gruda; é uma dominância legal, natural; é uma geleia geral, espalhada com as bênçãos do

Poder; é um Discurso universal, um modo de jactância que já está de tocaia no simples fato de se tecer um discurso (sobre qualquer coisa)" (*Roland Barthes por Roland Barthes*).

Ora, em determinado momento dessa história e dessa luta, Barthes se fez, não sem angústia, esta pergunta: "Aonde ir, se a Doxa passasse para a esquerda?" De fato, desde sua fase estruturalista e semiológica, Barthes experimentou a pressão de certos discursos de esquerda, que exigiam dele tomadas de posição nítidas e justas (em nome da responsabilidade do intelectual), que censuravam seus desvios ideológicos (em nome de uma *boa* ideologia), que desconfiavam de seu individualismo ou, pior, de sua perversão (em nome da gregariedade). Essa esquerda puritana e ascética (asséptica) encarava seus deslocamentos como imorais, sua defesa do jogo e do prazer como irresponsável. Todo o protestantismo de certos intelectuais militantes se arrepia diante de afirmações como a que figura na Aula: "A escritura faz do saber uma festa." (A conotação pejorativa do adjetivo "festivo", entre nós, exprime bem esse gosto do sacrifício de uma esquerda que, para ser séria, precisa ser sinistra.)

Esse marxismo que condena o deslocamento parece esquecer o próprio princípio da dialética, e se torna antimarxista na medida em que transforma a ciência em ideologia, fonte de boa consciência e instrumento de poder. O discurso "marxista" dirigido contra Barthes impunha-se então como discurso triunfante, e o triunfalismo é a própria marca da opressão e da recusa do outro.

Barthes teve então a coragem de resistir a esses grupos de pressão, evitando, ao mesmo tempo, tanto a submissão à Doxa de esquerda quanto a abjuração do marxismo. Não se tratava, para ele, de abandonar o marxismo, mas de resistir a certo discurso de esquerda que tomava ares policiais com relação a qualquer discurso divergente; sem, com isso (o que seria uma contradição inaceitável), tomar uma atitude policial com relação a esse discurso marxista, sem se colocar a serviço da ideologia historicamente contrária e colaborar assim para uma nova "caça às bruxas", como fizeram os "novos filósofos" e outros anticomunistas, tão cominatórios e "donos da verdade" quanto seus adversários.

A situação atual na França, onde uma recente Doxa anticomunista — nascida das decepções tardias dos antigos militantes, que haviam feito o jogo da avestruz diante dos poderes comunistas instalados — ameaça difundir-se e grudar nos discursos intelectuais, com todo o apoio das forças capitalistas, é uma situação particularmente delicada para o intelectual. Mas como Barthes nunca pregou, pontificou ou triunfou, sua posição continua sendo mais lúcida e mais livre do que a da maioria dos intelectuais franceses, órfãos de Lênin ou de Mao.

Seu combate sempre foi e é um combate de linguagem (e seria mais justo falar de "pesquisa" ou "encaminhamento", já que "combate" supõe "vitória"), o que evita o apoio numa ideologia para atacar outra. Nenhuma linguagem, é claro, está isenta de ideologia, e Barthes sempre teve a mais aguda consciência desse fato. Mas a luta contra o estereótipo e seu reino é certamente a tática mais segura para evitar que o discurso coalhe nas ilusões da naturalidade e nas tentações do autoritarismo. É disso que se trata, o tempo todo, na Aula; é isso que Barthes fala e, ao mesmo tempo, é isso que ele demonstra no próprio tecido do texto, trabalho sutil de desativação dos "discursos da arrogância".

Ora, a luta contra a Doxa não o leva a "qualquer coisa" de "qualquer jeito"; não se trata de "dizer outra coisa" a qualquer preço. O que dá, se não uma garantia, pelo menos uma postura moral à obra barthesiana, é a assunção de uma responsabilidade, a responsabilidade da forma. Na Aula, Barthes assume, sem ambiguidade, o partido que é o do escritor em face da linguagem: "As forças de liberdade que residem na literatura não dependem da pessoa civil, do engajamento político do escritor que, afinal, é apenas um 'senhor' entre outros, nem mesmo do conteúdo doutrinal de sua obra, mas do trabalho de deslocamento que ele exerce sobre a língua: desse ponto de vista, Céline é tão importante quanto Hugo, Chateaubriand tanto quanto Zola. O que tento visar aqui é uma responsabilidade da forma: mas essa responsabilidade não pode ser avaliada em termos ideológicos — e por isso as ciências da ideologia sempre tiveram tão pouco domínio sobre ela."

Toca-se aí num dos grandes problemas da crítica literária do século XX, que, exercida por críticos marxistas preocupados com julgar a obra em função da ideologia, não sabe o que fazer de um Flaubert (que incomodou Lukács durante toda a sua vida, obrigando-o a oscilar entre a condenação e a admiração injustificável; que levou Sartre a escrever mais de mil páginas para explicar por que ele o detestava), de um Joyce, de um Pound, de um Céline, de um Fernando Pessoa, de um Borges, e tantos outros.

Com relação ao ensino, é a mesma responsabilidade da forma que se afirma: "O que pode ser opressivo num ensino não é finalmente o saber ou a cultura que ele veicula, são as formas discursivas através das quais ele é proposto." É a experiência do escritor que leva Barthes a ver esse aspecto formal do ensino. O trabalho *na* linguagem conduz o escritor a um saber profundo sobre a armação e a instalação do poder linguageiro, torna-o atento a essa força rectiva e reativa da linguagem, ignorada (ingenuidade ou má-fé) por aqueles que creem utilizar a linguagem como um instrumento dócil e transparente. Reconhecendo na linguagem "o objeto em que se inscreve o poder desde toda a eternidade humana", Barthes se lança a um trabalho nos próprios mecanismos desse objeto, em vez de visar aos conceitos que ele encarnaria inocentemente. Esse trabalho é muito mais libertário, colabora muito mais para o advento de "outra coisa" ("Mudar a língua, mudar o mundo") do que os discursos militantes, autorizados e autoritários, que visam a substituir um poder por outro, mantendo intactos a noção de hierarquia e os velhos mecanismos de dominação aos quais o discurso pode servir de instrumento.

Está claro que é preciso ter, como Barthes, uma confiança nas potencialidades da linguagem, igual à desconfiança com relação a suas manhas e suas resistências. E afirmar sem temor a função utópica da literatura nesse jogo turvo dos discursos. Politicamente, um escritor só pode ser anarquista; as propostas concretas e positivas, as estratégias com os devidos alvos são próprias de outros discursos, os discursos transitivos da "escrevência".

Barthes não propõe um objetivo, um lugar a salvo, uma verdade a ser atingida pela linguagem. Ele expõe e pratica uma diligência ao mesmo tempo obstinada e modesta: deslocar-se, praticar o indireto, abjurar, se necessário. Essa falta de objetivo prévio e de certezas reconfortantes o caracteriza como "decepcionante", enquanto Mestre; ele se autodestitui de todo mestrado, recusa-se a ocupar o lugar do Pai e ousa propor como objetivo de seu ensino uma "miragem" ou um "fantasma". E é aí que reside, talvez, a ironia maior dessa Aula que, sob o título pejado de conotações hierárquicas, institucionais e moralistas — *Leçon* — desmonta, em seu desenvolvimento, essas conotações.

A situação da luta dos discursos, aqui em casa, neste momento brasileiro de "abertura democrática", torna essas questões particularmente oportunas. Lendo certos textos da imprensa brasileira depois da relativa suspensão da censura, tem-se a impressão de reconhecer o que Barthes descreve na Aula: "À medida que os aparelhos de contestação se multiplicavam, o próprio poder, como categoria discursiva, se dividia, se estendia como uma água que escorre por toda parte, cada grupo opositor tornando-se por sua vez e à sua maneira um grupo de pressão, e entoando em seu próprio nome o próprio discurso do poder, o discurso universal: uma espécie de excitação moral tomou conta dos corpos políticos e, mesmo quando se reivindicava a favor do gozo, era num tom cominatório. Viram-se assim a maior parte das liberações postuladas, as da sociedade, da cultura, da arte, da sexualidade, enunciar-se sob as espécies de um discurso de poder: vangloriavam-se de pôr em evidência o que havia sido esmagado; sem ver o que, assim fazendo, se esmagava alhures."

O exemplo extremo, caricatural, dos discursos libertários do Brasil atual foi aquele que enunciou a "imposição" da democracia, quer se queira ou não; e que os opositores da democracia seriam "esmagados". Certos discursos da esquerda, quando ela sonhava com o poder conquistado pela revolução, infelizmente não eram muito diferentes quanto à forma.

O fato de que tenhamos vivido quinze anos de opressão real (e não somente discursiva), durante os quais um só discurso era autorizado, torna esta excitação atual mais que compreensível e extremamente bem-vinda. Mas seria conveniente refletir sobre a tentação opressiva dos discursos, mesmo dos libertários. E é por isso que a tradução e a publicação da Aula é oportuna, na medida em que ela propõe esta utopia salutar: "que uma língua, qualquer que seja, não reprima outra"; que os discursos possam ser plurais, condição de toda democracia.

A Aula de Barthes ensina, pelo que ela diz e pelo modo como as coisas são ditas: num tom absolutamente anti-histérico, com aquela sabedoria saborosa a que pode chegar alguém que sabe muito sobre a linguagem.

Traduzir é entrar na dança. Para o tradutor, o texto é uma coreografia; a notação das figuras e dos passos que se deve reexecutar. E o novo corpo que vai entrar na dança (com os meneios próprios de uma outra língua) deve encontrar o melhor jeito de acertar o passo.

A dança é o rastro de uma luta — não é por acaso que a palavra *dança* pode tomar, em várias línguas, o sentido coloquial de *briga* ("*buena danza se armó!*"). Ora, cada escritor tem seu modo de se haver com a língua, suas táticas de luta. Mesmo os escritos mais desenvoltos, mais harmoniosos (ou melhor: estes em particular), resultam de afrontamentos e esquivas resolvidos em dança. Na escritura, como na dança, a facilidade, a espontaneidade, o natural, são o efeito de um trabalho (*"c'est du gros boulot"*, dizia Céline numa entrevista).

Porque, para o escritor, a língua não é uma mina de riquezas ou um repertório de possibilidades; a língua é insuficiência e resistência. Isso pode servir de consolo, ou de ânimo, para o tradutor, que tende frequentemente a crer que a segunda língua é carente ou imprópria, confrontada aos desempenhos do texto em sua língua original. Se não é fácil, para o tradutor, achar o dizer exato, também não o foi para o escritor, ao enfrentar sua própria língua. Traduzir é recomeçar a luta da escritura para transformá-la novamente em dança. A única vantagem do tradutor é que ele dispõe de uma coreografia previamente traçada.

O tradutor deve, pois, conhecer a tática de luta e os passos da dança, o "pulo do gato" efetuado pelo escritor. Como na outra língua os obstáculos são outros, ele deve recompor esse pulo, variando seu jeito e seu percurso segundo os acidentes do novo terreno.

No caso de Barthes, o "pulo do gato" é cheio de manhas. Mas, já que seus textos são, ao mesmo tempo, prática e teoria da escritura, o tradutor pode apoiar uma tática de tradução sobre a própria teoria barthesiana. Essa tática de tradução pode afinar-se, numa circulação permanente, entre o que o texto diz como autoteoria e o que o texto oferece ou recusa, como possibilidade de o reescrever em outra língua.

Nessa ronda, o tradutor pode perceber alguns processos da escritura barthesiana que uma leitura crítica, sem essa experiência interna do texto que é a tradução, não revelaria de modo tão imediato. É esse aspecto da tradução que me interessa particularmente: o fato de que seja, para um crítico, um *exercício* extremamente revelador. Ao traduzir, o crítico deixa de ser um mero espectador para entrar na dança.

À primeira vista, Barthes não é difícil de traduzir. Não é um daqueles escritores que levam a língua ao extremo da agramaticalidade, que desafiam o arbitrário do signo, que transtornam a língua em todos os níveis e criam um idioleto. O trabalho barthesiano é mais delicado. Barthes subverte a língua sem violentá-la. Seus enunciados são perfeitamente gramaticais, seu estilo é clássico, seus textos pertencem a um gênero flexível, mas conhecido e reconhecido: o ensaio. Entretanto, sob esse aparente conformismo (poder-se-ia dizer: essa polidez), trama-se um desvio do curso discursivo, por processos de sapa e de trapaça. E é aí que começam as dificuldades do tradutor, pelo menos daquele que não percebe essa trama.

A convicção de Barthes — expressa na Aula — é de que a língua deve ser combatida e desviada do interior, por gestos de *deslocamento*. Assim, Barthes desloca as palavras, desfocaliza significantes de significados, desnivela a enunciação, marginaliza o discurso institucional, submetendo o terreno linguístico a breves mas constantes sismos. E esses leves abalos fazem oscilar o sujeito pleno no discurso logocêntrico, colaborando para que um novo sujeito aflore na História, liberto do imaginário (discurso, ideologia) que, por enquanto, o lastreia e entrava. Esse é o alcance político (no sentido largo) e a dimensão utópica da obra barthesiana.

Ora, se o tradutor de Barthes acalmar os sismos que a escritura imprime a seu estilo clássico, deixa passar o essencial.

Se traduzir bem é conhecer a tática do escritor, é preciso começar por situar o nível linguístico em que se concentra o grosso de suas manobras (e aí já é, para o tradutor, uma questão de estratégia).

A sintaxe barthesiana não coloca problemas particulares para o tradutor português ou brasileiro, contanto que este utilize corretamente os recursos de precisão e de elegância oferecidos por nossa língua. Para o crítico, essa não resistência da sintaxe se presta à reflexão: a sintaxe clássica é, para Barthes, um meio ou uma camuflagem.

Mas é preciso que o tradutor esteja atento à pontuação, que marca a *distribuição* da frase; porque Barthes tira seus efeitos de enunciação do modo como fragmenta a frase e joga com seus fragmentos. Em Barthes, é a pontuação que sacode a tirania da frase.

De fato, poderíamos espantar-nos de que, tendo denunciado a frase como um "artefato linguístico", implicando uma ideologia religiosa, defendida a título escolar ou psiquiátrico (em *Sollers escritor*), Barthes ainda escreva frases. Poder-se-ia estranhar que, tendo caracterizado o professor como "aquele que termina suas frases", e recusando-se a ser um "professor", Barthes termine tão direitinho as suas. Contradição? Ora, nesse aspecto como em outros, Barthes é um escritor crepuscular, que se compraz na velha literatura ao mesmo tempo que anuncia uma nova escritura. E, na medida em que sua prática engloba sua teoria, mesmo quando esta parece mais avançada do que aquela, o que ocorre é uma tensão entre ambas; e é exatamente dessa tensão entre o antigo e o novo que vive sua escritura.

Barthes termina suas frases, mas deixa-as abertas de outro modo: pela maneira de as enunciar. Um modo de trapacear com a sintaxe clássica, de sacudir a hierarquia imposta pela *subordinação*, de tornar menos absolutista a lógica implícita na *ordem* das *sentenças* (atente-se para as conotações desses termos gramaticais), é a justaposição; e o uso abundante de recursos gráficos que podem substituir, economicamente, um verbo, um conectivo lógico ou todo um desenvolvimento explicativo.

Qualquer fragmento de *O Prazer do Texto* ou de *Roland Barthes por Roland Barthes* (a Aula é um pouco diferente, devido ao jogo retórico a que já aludi) poderia servir de exemplo: vírgulas, pontos e vírgulas, dois-pontos, pontos de interrogação se sucedem, evitando ou adiando o ponto final; travessões e parênteses marcam numerosos encaixes; e, como as aspas não são suficientes para indicar as diferentes razões ou maneiras de isolar certas palavras, estas são frequentemente grifadas. Só falta o "ponto de ironia", que um certo Alcanter de Brahm inventou, sem grande êxito, no século XIX.

Graças a esses recursos gráficos, Barthes modela volumes em sua enunciação:

os sucessivos dois-pontos (que, encarrilhados no mesmo período ou na mesma linha, constituem uma estranheza) abrem perspectivas infinitas e especulares; os parênteses cavam concavidades; os grifos moldam saliências; as aspas pinçam certas palavras, descolando-as do chão discursivo; os travessões estiram certas linhas de fala, descontinuamente; etc. Musicalmente, essa modelagem é uma modulação.

Tal abundância de pontuação produz um texto sintético e complexo, disposto em vários patamares (ou várias pautas) da enunciação. A pontuação barthesiana atomiza a frase, evitando que ela siga sua inclinação natural para a asserção; torna-a mais arejada, cria nela zonas de sugestão e reflexividade, protegendo certos recantos de maior intimidade locucional ou abrindo escapes para a digressão. E os diversos níveis enunciativos, marcados por essa pontuação, mobilizam, pluralizam o sujeito da enunciação. São armas leves mas eficazes, para combater a "fatalidade do poder discursivo"; "meios próprios para baldar, desprender, ou pelo menos aligeirar esse poder" (Aula).

É no domínio do léxico que Barthes age de modo mais declarado. Nesse terreno, ele efetua ações pontuais: dinamita *topoi*, detecta lugares-comuns, utiliza táticas de deslocamento e de descolamento. Uma dessas táticas é a "impropriedade" do termo no campo léxico em que este aparece ("paquerar", por exemplo, num ensaio sobre a escritura). Outra, é a "apropriação indevida" (a dos termos científicos, em especial os da linguística, desviados de seu sentido original para integrarem uma escritura). Ou o neologismo, diante do qual ele não recua. Ou ainda o etimologismo, que consiste em remergulhar a palavra em sua fonte, para devolvê-la rejuvenescida, rica de sentidos e parentescos perdidos ou esquecidos (é o caso do jogo com as palavras "saber" e "sabor", na Aula). Por todas essas práticas lexicais, Barthes foi censurado; puristas da língua e guardiães do rigor terminológico dos discursos científicos ou universitários, consideraram-nas como abusivas.

Grande parte das polêmicas criadas contra Barthes se detêm em questões de palavras, desde os ataques de Raymond Picard contra os neologismos da "*nouvelle critique*" até as mais recentes discussões acerca da pertinência do adjetivo "fascista" atribuído à "língua". Esses censores parecem não perceber que Barthes trabalha com a língua como um escritor e não como um dissertador. Como os poetas, ele explora, nas palavras, suas conotações, suas ambiguidades, a "cintilação do sentido" mais do que o sentido. A palavra é para ele um objeto sensual, núcleo de onde pode expandir-se todo um movimento textual ou, inversamente, concentração ideal, lugar onde se condensa todo um pensamento.

Para o tradutor, Barthes é um convite ao jogo com o dicionário da língua para a qual ele está sendo vertido. A melhor palavra aparece frequentemente "por acaso", graças aos parentescos inesperados criados pela ordem alfabética, ou às relações esquecidas e reveladas pelas informações etimológicas.

O fato de que o léxico seja tão importante na escritura barthesiana justifica (para além das simples questões de mercado) a existência de duas traduções de cada texto de Barthes em português, uma em Portugal, outra no Brasil. Porque é no léxico que aparecem as maiores diferenças entre as duas línguas portuguesas. Quando Barthes utiliza, em O Prazer do Texto, a palavra "*draguer*", a tradução portuguesa "engatar" nada diz ao leitor brasileiro, assim como a tradução brasileira — "paquerar" — corre o risco de nada sugerir ao leitor português (pelo menos até a invasão das novelas da Globo). (Aliás, o tradutor brasileiro de O Prazer do Texto preferiu, não sei por quê, deixar a palavra em francês, o que lhe confere um caráter eufêmico que ela não tem no texto original.)

Ora, certas palavras do texto barthesiano desempenham um papel essencial em sua estruturação, funcionando aí como *juntas* ou *balizas*. A supressão na tradução de uma dessas palavras pode acarretar um grande prejuízo ao conjunto do texto. Para o tradutor-crítico, a reflexão sobre essas palavras-chave e a busca da melhor correspondência permitem uma leitura mais aguda. O levantamento dessas palavras-chave fornece uma espécie de diagrama do texto que permite ler, sinteticamente, seus tópicos, suas articulações, seus pontos fortes.

Assim, nesta Aula, alguns problemas de tradução referentes à escolha de vocábulo assinalam exatamente pontos teóricos fundamentais da obra barthesiana. Como alguns desses termos aparecem também em outros textos de Barthes, comentarei em seguida certas opções.

Leçon: Aula

O título de uma obra é, naturalmente, um significante privilegiado. E, quando esse título se resume numa única palavra, esta se investe de particular importância, merecendo pois, do tradutor, particular atenção.

AULA

Leçon pode ser traduzida por *Lição* ou por *Aula*. À primeira vista, a escolha parece indiferente, pois em determinada acepção, *lição* e *aula* são sinônimos: "exposição didática feita por um professor". Assim sendo, pareceria mais lógico optar por *lição*, mais próxima etimológica e fonicamente do francês *leçon*.

Entretanto, outras razões me inclinaram a optar por *aula*. Primeiramente, por ser *leçon*, aqui, uma abreviação de *leçon inaugurale*, que se traduz habitualmente, entre nós, por *aula inaugural*. Em seguida, pelas conotações das duas palavras em nossa língua.

Lição, para nós, conota ensino primário. *Aula* tem conotações nobres e solenes. O sentido latino de *aula*, que persistiu em espanhol e italiano (e que existia no português arcaico) era espacial: palácio, corte ou sala de honra. E a referência espacial é aqui interessante, na medida em que este texto de Barthes é moldado pelo lugar em que se inscreve: o Colégio de França, com sua Assembleia dos Professores, sua tradição e seu poder. Ao mesmo tempo, no texto desta Aula, é exatamente esse lugar que é questionado e sutilmente deslocado, por um professor "incerto" e "impuro". A própria brevidade do título — que, por um lado, diminui, e por outro, essencializa essa aula como *a* Aula — tem algo de irônico: esse professor vai propor um "ensino fantasmático" e vai dispor-se a "desaprender". Além disso, essa Aula é inaugural não só no tempo, por ser a primeira de uma série, mas no espaço, por pretender criar, dentro do Colégio de França, uma *área* de jogo e de afeto.

Finalmente, a opção por *aula* tem uma vantagem fônica: *aula inaugural* é fonicamente agradável, por uma recorrência de fonemas inexistente em *lição inaugural*.

Écriture: Escritura

Já é tempo de "acertar a escrita" com relação a este termo, e aproveito esta oportunidade para fazê-lo.

O francês tem uma única palavra para designar a representação da fala ou do pensamento por meio de sinais: *écriture*. Assim, em expressões como *apprentissage de l'écriture* ou *écriture cuneiforme*, aparece a mesma palavra que Barthes usa para se referir a algo particular; "*L'écriture est ceci: la science des jouissances du langage, son Kamasutra*". Evidentemente, na frase barthesiana, não se trata da mesma *écriture* que as crianças aprendem na escola, ou daquela que os grafólogos estudam.

Ora, em português, dispomos de duas palavras: *escrita* e *escritura*. E podemos aproveitar essa riqueza léxica traduzindo as expressões do parágrafo anterior, respectivamente: "aprendizagem da escrita", "escrita cuneiforme", e: "A escritura é isto: a ciência dos gozos da linguagem, seu *Kamasutra*."

Não cabe aqui discutir todas as implicações da *noção de escritura* em Barthes. Digamos apenas que, para Barthes, a *escritura* é a escrita do escritor. Nesta Aula, ele propõe o uso indiferenciado de *literatura*, *escritura* ou *texto*, para designar todo discurso em que as palavras não são usadas como instrumentos, mas postas em evidência (encenadas, teatralizadas) como significantes.

Toda escritura é portanto uma escrita; mas nem toda escrita é uma escritura, no sentido barthesiano do termo. Usar a palavra *escritura* na tradução dos textos barthesianos tem a vantagem de precisar a particularidade da noção recoberta por esse termo.

Jogando com as duas palavras que o português nos oferece, podemos evitar ambiguidades indesejáveis: a *escrita* pode opor-se à *fala* (palavra oral); pode opor-se também à *leitura* (por exemplo: "a leitura exige menos tempo do que a escrita"). Em Barthes — e em outros textos franceses contemporâneos, em especial os textos teóricos do grupo *Tel Quel* — a *escritura* substitui, historicamente, a *literatura* (a literatura é representativa, a escritura é apresentativa; a literatura é reprodutiva, a escritura é produtiva; o sujeito da literatura é pleno, pessoal, o da escritura é flutuante, impessoal; etc.). Em outro paradigma operacional barthesiano, *escritura* se opõe a *escrevência*: a primeira é intransitiva (não é uma "comunicação"), a segunda é transitiva (transmite uma "mensagem").

Nada obriga a distinguir, como proponho, *escrita* de *escritura*; mas as razões acima expostas convidam a fazê-lo, na tradução de textos franceses recentes, de autores como Barthes, Lacan, Derrida, Sollers, ou em textos teóricos brasileiros que a eles se refiram.

Os portugueses parecem ter optado conjuntamente por *escrita*, para traduzir essa *écriture* barthesiana, lacaniana, derridiana ou outra. No Brasil, *escrita* e *escritura* têm sido usados segundo a preferência pessoal. Ultimamente, noto que a segunda palavra tem aparecido com maior frequência, o que levou o crítico português Eduardo do Prado Coelho a comentar: "Onde os brasileiros dizem *escritura* nós preferimos continuar a dizer *escrita*, suponho que com vantagem em todos os campos" (numa generosa resenha de meu livro *Texto, Crítica, Escritura, in Colóquio/Letras* nº 47, 1979).

Alguns alegam que esse uso de *escritura* seria um galicismo; ora, em português como em francês, a palavra vem diretamente do latim *scriptura*. Outros repelem o termo, nesse contexto, por considerá-lo adequado apenas no caso de um documento de tabelião ou de um texto religioso (as Sagradas Escrituras). Ora, o Dicionário de Aurélio Buarque de Hollanda Ferreira registra *escritura* como sinônimo de *escrita* (1ª acepção de *escrita*, 2ª acepção de *escritura*). E a erudição de Segismundo Spina nos assegura: "Temos observado que até os puristas menos exigentes repelem o emprego de *escritura* com acepção de escrita, por francesia. Tal emprego só nos parece condenável quando o termo *escritura* pode dar margem a confusão com certo tipo de documento escrito. Fora disso, *escritura* é tão bom português quanto *escrita*, vindo já registrado com o sentido de "escrita" nos bons dicionários da língua — desde o velho Constâncio de 1836" (*Introdução à Edótica*, 1977).

Repelida pois a suspeita de francesia, e aceitos os dois termos como sinônimos, volto à minha proposta de uma distinção tática entre ambos, *nos textos em que se alude à noção de escritura*, isto é, em Barthes e autores afins. Vejamos a questão das conotações. A conotação tabelional, no caso da escritura barthesiana, não é um estorvo, mas um parentesco semântico assumido e explorado. Sendo descendente de tabeliães, Barthes comenta: "Não foi a escritura, durante séculos, o reconhecimento de uma dívida, a garantia de uma troca, a firma de uma representação? Mas, hoje, a escritura vai indo lentamente para o abandono das dívidas burguesas, para a perversão, a extremidade do sentido, o texto..." (*Roland Barthes por Roland Barthes*). Quanto à conotação "sagrada", esta só enobrece o termo *escritura*, com relação à *escrita*, geral e instrumental.

Se esses argumentos ainda não forem suficientes, podemos ainda lembrar que a palavra *escritura*, no sentido de escrita literária, está documentada em grandes autores portugueses e brasileiros. Este não é, aqui, um argumento de autoridade, mas um argumento "escritural": as palavras têm uma história e uma vida em determinadas áreas de fala ou de escrita; e, no texto literário, quando vêm carregadas de uma ascendência escritural, elas entram num "intertexto" que só pode ser bem-vindo.

Camões, por exemplo, usou a palavra *escritura* em *Os Lusíadas* (IV, 56; V, 22; V, 23; V, 89) como sinônimo de *escrita* ou de *obra escrita*; e, pelo menos uma vez, essa palavra se refere exatamente à escrita poética, num poema lírico: "Cara minha inimiga em cuja mão... Será minha escritura teu letreiro" (Soneto XLIX, col. Hernani Cidade).

Vieira, na Introdução aos *Sermões* (I), diz: "Nunca me persuadi a sair à luz com semelhante gênero de escritura, de que o mundo está cheio." E Antônio de Morais Silva explica, ao dar esse exemplo em seu Dicionário, que se trata aí da acepção "obra literária" ou "literatura".

Mário de Andrade, na página 181 dos *Aspectos da Literatura Brasileira*, refere-se à diferença entre o estilo do jornalista e o do escritor Raul Pompeia: "O grande artista... Quem quer leia os veementes artigos de jornal de Raul Pompeia e mesmo as suas mais discretas *Canções sem Metro*, se surpreenderá com a distância inexplicável que medeia entre estes e a escritura do *Ateneu*." E mais adiante: "Mas conseguiu o que pretendia, a escritura artista, artificial, original, pessoal, tão sincera e legítima como qualquer simplicidade" (p. 183). (Devo a lembrança dessas citações camonianas e marioandradinas a Haroldo de Campos. A de Vieira me foi indicada por Segismundo Spina.)

Para terminar, citarei Clarice Lispector, que diz lindamente, pela boca de uma personagem: "Antes de mais nada, pinto pintura. E antes de mais nada, te escrevo dura escritura" (*Água Viva*, p. 13).

Jouissance: Gozo

Como a palavra *écriture*, a palavra *jouissance* tem sofrido algumas variações nas traduções portuguesas e brasileiras. *Jouissance* tem sido frequentemente traduzida por *fruição*, palavra totalmente inadequada nesse contexto teórico.

A *jouissance* barthesiana é um conceito vindo diretamente da psicanálise (via Lacan) onde está diretamente afeto à *libido*. Palavra propriamente libidinal, a *jouissance* é o *gozo*, no sentido sexual do termo, sentido este que é aqui metafórico. Como diz Lacan: "Trata-se de metáfora. No que concerne ao gozo, é preciso colocar a falsa finalidade como respondente daquilo que é apenas pura falácia, de um *gozo* que seria adequado à relação sexual. A esse título, todos os gozos são apenas rivais da finalidade que existiria se o gozo tivesse a menor relação com a relação sexual" (*Encore*, p. 102). O gozo, nesse contexto, é o que o sujeito alcança no próprio malogro da relação sexual — que nunca pode suprir o desejo, como nada pode; que nunca pode fazer, de *dois*, o *Um*.

Todo o sabor da palavra *jouissance*, em Barthes como em Lacan, está nessa conotação sexual, orgástica, que se afirma ao mesmo tempo que se declara impossível, a não ser como metáfora. Em Barthes, a metáfora se faz no campo da escritura, mas conservando a mesma referência sexual (frustrada como tal, realizada como deslocamento). Portanto, não há razão para que se apague, como que por pudor, na palavra *fruição*, a conotação sexual que só *gozo* pode transmitir.

Além disso (e por isso mesmo que anteriormente foi dito), a *jouissance* é a realização paradoxal do desejo em pura perda. "O gozo é o que não serve para nada", diz ainda Lacan (*idem*, p. 10). E é justamente por esse caráter de perda, de gasto inútil, que esse *gozo* é o oposto da *fruição*, onde há o sentido de tirar proveito, de desfrutar passivamente o que é ofertado (por um vinho de grande safra ou por um quadro de museu, por exemplo). Por isso, a oposição *plaisir-jouissance*, em *O Prazer do Texto*, perde seu sentido se traduzida por *prazer-fruição* (como o foi em Portugal e no Brasil). O *plaisir* é o que nos dá a velha literatura; a *jouissance* é aquilo que nos arrebata e sacode, na escritura.

No *plaisir* (*prazer*), o sujeito é dono de si e de seu deleite; na *jouissance* (*gozo*, e não *fruição*), o sujeito vacila, experimenta a si próprio como *falha*, *falta de ser*. É o que diz Barthes: "ele frui da consistência de seu eu (é seu prazer) e busca sua perda (é seu gozo)".

Na verdade, a palavra *fruição* (que não tem correspondente etimológica em francês), é intermediária, indecisa entre *prazer* e *gozo*, mas certamente mais próxima das conotações de *plaisir* do que das de *jouissance*. Só às vezes ela convém à tradução de *jouissance*, mas é preciso saber onde, e só um conhecimento da teoria barthesiana (e de suas fontes lacanianas) pode guiar-nos nessa escolha. A questão é saber quando se trata de *gozar de alguma coisa* (transitivamente, conscientemente) ou de *gozar* (intransitivamente, inconscientemente). Quando se trata de um gozo transitivo, a palavra *fruição* é cabível, como quase sinônimo de *prazer*. Mas, na maior parte dos casos, Barthes metaforiza na teoria da escritura o *gozo* intransitivo, vertiginoso e inútil da psicanálise lacaniana, que já é, aí mesmo, uma metáfora.

Fantasme: Fantasma

Este também é um termo importado por Barthes da psicanálise. No vocabulário técnico da psicanálise em português, opta-se geralmente pela tradução *fantasia*, mais próxima da palavra alemã usada por Freud: *Phantasie* (fantasia, delírio, desvario, alucinação); mas admite-se também o termo *fantasma*.

Ora, a palavra *fantasia*, em português, parece-me muito marcada por seu uso na psicologia e na estética, como um produto da imaginação. E a prova de que essas marcas psicologizantes e estetizantes atrapalham um pouco o uso da palavra *fantasia* em psicanálise é que os psicanalistas rejeitam o adjetivo correspondente — *fantasioso* — e preferem o adjetivo *fantasmático*, correspondente a fantasma.

Parece-me pois que, sobretudo num texto literário, quando se quer marcar o uso psicanalítico da palavra, é preferível usar *fantasma* e *fantasmático*, que indicam mais precisamente a origem inconsciente da imagem, mais do que o faria *fantasia*.

JEU, JOUER: JOGO, EXECUÇÃO, EXECUTAR (MÚSICA); REPRESENTAÇÃO, REPRESENTAR (TEATRO); ETC.

A palavra *jogo* e seus derivados percorrem a Aula, do começo ao fim. Em alguns casos, não se coloca nenhuma dificuldade de tradução: *méthode de jeu* — método de jogo; *aire de jeu* — área de jogo.

O jogo é de extrema importância na teoria e na prática barthesianas: jogar com as palavras (trapaceando na língua) é ao mesmo tempo uma atividade sem finalidade outra senão o próprio jogo (função estética) e uma tática de crítica e transformação da ideologia congelada nas repetições linguageiras (função política-utópica). Essa tática consiste em *jouer* (jogar) e *déjouer* (frustrar, baldar).

Por ser uma trapaça, uma esquiva, um logro, esse jogo está ligado ao teatro, ao fingimento. O fingimento, a encenação, são os únicos meios de o sujeito se processar na escritura. A "heteronímia" generalizada que, segundo Barthes, a escritura institui "no seio da língua servil" atinge primeiramente o sujeito da enunciação. (Veja-se o caso exemplar de Pessoa.) Teatro e escritura são inseparáveis: "Através da escritura, o saber reflete incessantemente sobre o saber, segundo um discurso que não é mais epistemológico mas dramático." Ou ainda: "No horizonte impossível da anarquia linguageira — ali onde a língua tenta escapar a seu próprio poder, à sua própria servidão —, encontramos algo que se relaciona com o teatro."

E aí começam as dificuldades de tradução em português, pois não temos equivalente exato, com a mesma etimologia, para traduzir *jouer* no sentido dramático de *jouer un rôle* — desempenhar ou representar um papel. Com esses verbos portugueses, traduzimos o sentido de *jouer*, mas perdemos a conotação lúdica do verbo francês.

O mesmo ocorre no caso de *jouer un instrument* — tocar um instrumento. O Dicionário de Aurélio Buarque de Hollanda Ferreira indica, como 17ª acepção de *jogo*, "a maneira como cada artista se serve dos recursos técnicos próprios do instrumento", o que corresponde exatamente a um dos primeiros sentidos de *jeu* em francês; mas esse sentido musical não é muito corrente entre nós, e o uso do verbo *jogar* seria impossível, nesse caso. Por essas impossibilidades, em português, perde-se a relação que Barthes estabelece entre "encenar os signos" (teatro), "tocar os signos" (música) e "lançar os signos" (jogo); nos três casos, temos, em francês: *jouer les signes*.

Diante dessa dificuldade, mantive *jogo* e *jogar* em todas as passagens em que o outro sentido é recuperado por uma palavra próxima: "É no interior da língua que a língua deve ser combatida, desviada: não pela mensagem de que é o instrumento, mas pelo jogo das palavras de que é o teatro." Em outros casos, usei a expressão *jogar com*, embora, em cada um deles, se reforce um dos sentidos possíveis da expressão: "o semiólogo joga com os signos como um logro consciente"; "as estruturas que jogam ao mesmo tempo com uma aparência de verossímil e uma incerteza da verdade". Nesses dois casos, tínhamos em francês: *jouer des signes*. E essa expressão — *jouer de* — pode ter também o sentido exato de usar, *manejar com habilidade*; traduzi então "*jouer du signe comme d'un voile peint*" por "usar o signo como um véu pintado".

Essas considerações sobre a tradução podem parecer demasiadamente minuciosas; mas quando se tem consciência do extremo requinte da escritura barthesiana, onde nada aparece ao acaso e todas as conotações são preciosas (não são essas as marcas de todo *escritor*?), essas questões se tornam importantes. E, sobretudo, o que pretendi lembrar é que não se pode traduzir Barthes sem ter uma grande intimidade com sua teoria e com o conjunto de sua obra.

"Bruma e chuva.
Fuji velado. No entanto eu vou contente."

Este haicai de Bashô foi um dos muitos comentados por Barthes, no Colégio de França, em fevereiro daquele ano. O "fantasma" de 1979 é o haicai.

Por que o haicai? Refinamento orientalista de intelectual europeu? Sem dúvida. A sedução japonesa já levou Barthes a escrever um livro, *O Império dos Signos*. Mas por que o haicai *agora*? Sobretudo, pela velha tenacidade de uma certeza barthesiana: o que faz sofrer a linguagem é a ideologia. Nossas línguas ocidentais estão cansadas de fazer sentido, em círculos semânticos viciosos e viciados. Chegamos a uma espécie de engurgitamento, de engarrafamento semântico, em que os sentidos se engalfinham e se autoanulam, numa situação histórico-discursiva que Barthes caracterizou — em conversa particular que com ele tive — de "infelicidade semântica".

AULA

Será essa situação especificamente francesa, um sintoma de cultura exaurida? É fato que essa situação é particularmente sensível na França. Mas acho que não devemos ter demasiadas ilusões quanto à novidade dos discursos em que nossas culturas americanas, mais jovens, buscam afirmar suas individualidades. Corremos sempre o risco de ruminar os velhos discursos europeus e de desembocar nos mesmos impasses a que eles agora chegam. E um Barthes não é, como muitos afirmam sem o terem *lido*, um velho discursador europeu, mas alguém que desmonta esses discursos, não para indicar caminhos, mas para limpar o terreno de modo que caminhos possam se abrir.

Ora, o haicai surge agora na escritura barthesiana, não como uma utópica volta ao velho e sábio Oriente, mas como um objeto de linguagem que pode ter então, para ele, uma função tática. O haicai consegue a façanha de dizer a pura constatação, sem nenhuma vibração de arrogância, de sentido, de ideologia. É claro que podemos recolocá-lo num contexto ideológico, ou interpretar o próprio fato de recorrer ao haicai como uma atitude ideológica — se, para tanto, o sobrecarregarmos de nossa discurseira habitual ("esteticismo", "formalismo", "alienação", etc.).

Entretanto, se isolarmos o haicai em seu puro dizer, podemos vivê-lo como um momento em que a linguagem se detém, pousando na formulação justa. O que diz o haicai é um momento intensamente vivido por "alguém", mas fixado em linguagem sem o peso do sujeito psicológico do Ocidente. Nenhuma moral da história. O haicai é, para Barthes, um lugar feliz em que a linguagem descansa do sentido; e neste momento, segundo ele, é o de que ela necessita. Não como uma fuga, mas como uma tomada de fôlego; não para alienar-se, mas para "dar um tempo". Essa "desconversa" tem portanto uma função crítica — por oposição implícita — para com a "conversa".

Uma verdadeira multidão corre para ouvir as aulas de Barthes no Colégio de França. A sala onde ele fala está repleta duas horas antes da aula. Restam duas "salas sonorizadas", onde se pode ter a experiência de uma aula sem mestre: apenas sua voz, grave, calma, modulada, nunca professoral ou assertiva, mas sempre perpassada por uma leve autoironia. As "salas sonorizadas" são o espaço mais adequado para uma aula barthesiana. A mesa no estrado está vazia, ou tranquilamente ocupada por uma jovem estudante, que ali espalhou seus pertences. Os ouvintes se sentam ao acaso dos lugares disponíveis, seus corpos orientados sem constrangimento, nas cadeiras, nos degraus do estrado, nos beirais das janelas. Os olhares se cruzam, passeiam livremente pela sala decentrada, fitam o céu para além das janelas.

O público é tão variado que não é possível defini-lo: velhinhos e velhinhas, uns distintíssimos, gênero "*légion d'honneur*", outros quase *clochards*; jovens liceanos com o capacete de motoqueiro sob o braço; *hippies* retardados, dândis engomados, estrangeiros de todas as Babéis. O que traz essa multidão heteróclita a ouvir Barthes? É o que ele próprio se pergunta, entre envaidecido e angustiado.

O saber? Muitos anotam febrilmente suas palavras. Mas que *uso* podem ter essas notas? Esse mestre não fornece conceitos nem metodologias; esse "guru" não prega nenhuma religião. A moda? Mas que moda é essa que confunde as categorias sociológicas de faixa etária, de classe social? Se não há aí nenhum operário — e como saber? — é por uma contingência do lugar, da hora, da injusta distribuição das linguagens; mas os bedéis e os técnicos de som se quedam a ouvir Barthes com a mesma atenção e aparente prazer que o velho condecorado ou o jovem liceano.

Resta crer nas forças atuantes da literatura. Barthes consegue passar, de alguma *forma*, uma sabedoria saborosa. Seu *jeito de dizer* corresponde a um desejo de ouvir que reúne, neste preciso momento histórico, um grande número de pessoas cansadas de serem lecionadas, exortadas, arregimentadas, pressionadas, posicionadas. Que buscam um parênteses onde se fala do tempo que faz ou do sabor de uma fruta, e das condições em que tal fala é possível (sem os álibis da ciência, sem as culpas que a política atribui ao individual, ao estético, ao "inútil"). O velho discurso encontra aí sua pausa de repouso, necessária para que ele retome, oportunamente, suas vias de sentido.

Saio do Colégio de França. Garoa fininha, o Quartier Latin está envolto em cinza. A estátua de Montaigne continua sorrindo, este ano sob uma maquilagem *punk*.

"Bruma e chuva.
Panteão velado. No entanto eu vou contente."

Leia também

CURSO DE LINGUÍSTICA GERAL
Ferdinand de Saussure

Editora Cultrix

Fundador da Linguística Moderna, Ferdinand de Saussure revolucionou os estudos da linguagem ao libertar a língua de uma mera abordagem histórica e comparativista e propor-lhe um ponto de vista estrutural.

De 1907 a 1911, período em que ministrou aulas na Universidade de Genebra, o linguista apresentou os principais fundamentos de sua teoria, reunidos posteriormente neste *Curso de Linguística Geral*, reconstruído a partir de anotações feitas por seus alunos.

Desde então, os ensinamentos de Saussure têm sido aplicados e estudados em diversas áreas, como Antropologia, Psicanálise, Filosofia, entre outras disciplinas.

Esta obra fundamental, publicada pela primeira vez em 1916, inaugurou o Estruturalismo e tratou, pela primeira vez, de Semiologia e conceitos como sincronia e diacronia, significado e significante – o que tornaria possíveis, mais tarde, os trabalhos de Roland Barthes, Jacques Derrida, Michel Foucault e Jacques Lacan.

Indispensável aos interessados e estudiosos da linguagem, comunicação, ciências humanas e sociais, esta é, definitivamente, uma das obras mais importantes do século XX.

Leia também

ELEMENTOS DE SEMIOLOGIA
Roland Barthes

Editora Cultrix

Resultado de cursos ministrados por Roland Barthes, estes *Elementos de Semiologia* desde logo reforçam, na maneira sistemática e bem dosada com que apresentam a matéria, sua natureza didática. Partindo do princípio de que, afinal de contas, "o mundo dos significados não é outro senão o da linguagem", Barthes mostra como é natural à Semiologia (que ele vê tender a uma translinguística à qual incumbiria estudar as grandes unidades significantes do discurso) valer-se dos conceitos analíticos da Linguística. Assim é que o livro está dividido em quatro grandes partes, correspondentes a rubricas oriundas da Linguística Estrutural. Por meio dessas rubricas, Barthes dá ao leitor uma instigante visão geral do campo de estudo da Semiologia e dos instrumentos teóricos por via dos quais se pode realizar a pesquisa semiológica.

GRUPO EDITORIAL PENSAMENTO

O Grupo Editorial Pensamento é formado por quatro selos:
Pensamento, Cultrix, Seoman e Jangada.

Para saber mais sobre os títulos e autores do Grupo
visite o site: www.grupopensamento.com.br

Acompanhe também nossas redes sociais e fique por dentro dos próximos
lançamentos, conteúdos exclusivos, eventos, promoções e sorteios.

editoracultrix
editorajangada
editoraseoman
grupoeditorialpensamento

Em caso de dúvidas, estamos prontos para ajudar:
atendimento@grupopensamento.com.br